RUA FUZHOU, XANGAI

Carmen Lícia Palazzo

Rua Fuzhou, Xangai

中国

1ª edição, São Paulo

Copyright © 2022 by Carmen Lícia Palazzo
Todos os direitos reservados. Proibida a reprodução, no todo ou em parte, através de quaisquer meios.

Título original
Rua Fuzhou, Xangai

Projeto e capa Marcelo Girard
Editoração S2Books

Imagem da capa Foochow_Road_(Shanghai).JPG

Direitos exclusivos de publicação somente para o Brasil adquiridos pela AzuCo Publicações.
azuco@azuco.com.br
www.azuco.com.br

Dados Internacionais de Catalogação na Publicação (CIP)
(Câmara Brasileira do Livro, SP, Brasil)

Palazzo, Carmen Lícia
Rua Fuzhou, Xangai [livro eletrônico] / Carmen Lícia Palazzo. -- 1. ed. -- São Paulo, SP : AzuCo Publicações, 2022.

ISBN 978-65-998093-2-3

1. China - Civilização 2. China - Cultura 3. China - História 4. China - Política e governo 5. China - Usos e costumes 6. Relatos de experiências I. Título.

22-114639 CDD-915.1

Índices para catálogo sistemático:
1. China : Descrição e viagens 915.1
Eliete Marques da Silva - Bibliotecária - CRB-8/9380

Para

Paulo Roberto, Pedro Paulo, Maíra,
Gabriel, Rafael Kayã e Yasmin,
presenças essenciais na minha vida.

Sumário

Sempre fui nômade   9

Xangai, muito além da modernidade   13

Pinturas, pincéis e carimbos   22

Espiritualidade, comunismo e consumismo   29

No rastro das caravanas   35

Trens, pato laqueado, riquixás e jesuítas   44

A surpreendente Xi'an, seus guerreiros de terracota e seus muçulmanos   54

Hong Kong e Macau: chinesas, com ecos da Europa   61

À guisa de conclusão: não se define o que é complexo   70

Sempre fui nômade

Nasci no estado que fica no extremo sul do Brasil e, embora muitos dos meus conterrâneos gaúchos sejam bastante aferrados ao nosso solo de origem, eu sempre tive uma grande tendência ao nomadismo. Sabia, desde muito cedo, que assim que me tornasse financeiramente independente sairia da casa paterna para ganhar o mundo. Inicialmente viajei muito pelo Brasil e através da América do Sul. Embarquei, depois, para um curso na França que, por problemas burocráticos, não se concretizou, mas me proporcionou outras viagens, já que eu estava na Europa. Naquela oportunidade fui também ao Marrocos, uma experiência e tanto para os meus vinte e poucos anos, na companhia de estudantes franceses e árabes. Mais adiante, ainda como estudante, morei em Roma, o que me deu a certeza de que viajar seria o meu principal objetivo e a atividade que me proporcionaria mais satisfação, de todas as que eu viesse a abraçar.

Acredito que existem alguns comportamentos que diferenciam os que gostam de viajar em férias daqueles que são efetivamente nômades. Eu nunca senti a tão falada saudade da feijoada, da farofa e da goiabada que dizem que acomete muitos brasileiros que vão para o exterior. Adapto-me bem às mais diversas culinárias, mesmo tendo minhas preferências. Já passei muitos anos longe do Brasil sem que pensasse em retornar, comunicando-me com amigos e com a família por carta e através de longos telefonemas, que depois foram substituídos pela internet, ferramenta de tanta utilidade para que gosta de viver pelo mundo.

Não sou insensível, sinto saudades das pessoas que ficam nos lugares que deixo para trás, mas sempre preferi que fossem elas a me visitar em meus novos destinos do que eu mesma desistir das minhas temporadas de novas descobertas. Sem a menor dúvida, minhas asas são muito mais fortes do que as minhas raízes. Raízes enterram, agarram. Sou andarilha nos sonhos, mas também na minha vida e acordo sempre imaginando onde me lançarei em breve, que surpresas me esperam, longe ou perto, e que estradas ainda vou trilhar. Sou mulher errante, com alma cigana.

Quando, em um final de tarde, meu marido, já então companheiro de novas viagens, chegou em casa contando que tinha recebido uma proposta de trabalho para passar cerca de sete meses na China, sugerindo que eu pensasse se estava de acordo, não hesitei um minuto sequer. Minha resposta foi imediata: "China? Vamos lá! Só me diz a data que temos que embarcar, que eu me organizo sem problemas."

No dia seguinte entrei com um pedido de licença não remunerada do meu trabalho de professora universitária, concluí as atividades que me cabiam, para não prejudicar os alunos (com os quais mantive contatos muito gratificantes, mesmo estando fora) e, em algumas semanas, embarcamos para o que viria a ser uma das mais incríveis experiências da minha vida. Ao todo, conheci dezoito cidades chinesas, algumas grandes e modernas, outras pequenas e também de grande encanto. O que relato a seguir é só uma parte de muitas andanças e não é apenas sobre a China que eu vi, mas sobre a que se apoderou de todos os meus sentidos, que se entranhou em mim e nunca mais me deixou.

Xangai, muito além da modernidade

A cidade de Xangai é surpreendente. Moderna, enorme, vitrine de uma China cuja economia, apesar de seus momentos de crise, tem crescido de maneira excepcional. É um cartão de visita do que o governo quer mostrar ao mundo o que, convenhamos, não é pouca coisa. No entanto, o que me interessava ia muito além dos prédios de luxo e das vitrines com peças de *griffes* internacionais. Mal desfeita a pouca bagagem com a qual viajo, mesmo no caso de longas estadias fora, comecei a caminhar pelas ruas, mas também usando, para distâncias maiores, as linhas de metrô e os ônibus. O que eu queria era estar próxima da população local. Fazia compras em pequenos mercados e tentava me comunicar por gestos, enquanto aguardava as aulas básicas de mandarim que me permitissem um maior conforto no dia-a-dia. Foi assim que mergulhei na Xangai dos chineses e não nos redutos de estrangeiros.

Um dos meus passeios prediletos era andar pela Nanjing Dong Lu ou, traduzindo, a rua Nanjing Leste onde, em algumas tardes, em um de seus quarteirões mais centrais e pedestres, eu me deparava com a cena de um senhor de meia-idade, com um paletó azul cintilante, tocando saxofone na sacada de um dos prédios, enquanto diversos casais dançavam alegremente no meio da rua. Não se tratava de um espetáculo organizado, mas de uma atividade que envolvia também os passantes. Alguns eram idosos, provavelmente aposentados que se distraiam dançando. Outros, mais jovens, circulavam por ali, aproveitavam a brincadeira e logo depois seguiam seu caminho. E havia também os que dançavam um pouco e depois entravam nas lojas para fazer suas compras.

Em minhas muitas andanças, uma das situações mais divertidas das quais participei ocorreu cerca de duas semanas após nossa chegada à cidade. Saí em busca de uma padaria e encontrei, então, uma pequena casa de chá com um sortido balcão de guloseimas. Entrei e devo ter feito cara de intrigada, tentando descobrir os ingredientes dos doces que estavam expostos. De repente, me vi cercada por diversas clientes, visivelmente ansiosas para me ajudar. Eu era a única pessoa com feições ocidentais ali, não havendo a menor dúvida de que se tratava de uma estrangeira um tanto perdida e até mesmo desamparada!

Uma das senhoras retirou da bolsa um pedaço de papel e um lápis e, apontando para uma tortinha recheada, desenhou uma maçã. Era uma clara explicação de que se tratava do recheio daquele doce e retribuí com *Xièxiè*, o agradecimento que eu já tinha aprendido, em mandarim. Em seguida a mesma senhora, mostrando-me um pãozinho semelhante a um brioche e com uma cobertura amarela, começou a cacarejar em alto e bom som, o que me fez imaginar que ela estava tentando me dizer que era um creme de ovos. Comprei, é claro, as duas guloseimas, e assim que peguei a saco-linha com a vendedora fui efusivamente aplaudida por todas as pessoas presentes, inclusive por aquelas que estavam senta-das nas mesinhas e acompanhavam a cena com grande interesse! Agradeci novamente, meio encabulada, retribuí os sorrisos e fui embora, feliz por ter sido alvo de tanta gentileza.

As ruas de Xangai são incrivelmente movimentadas em qualquer hora do dia e mesmo até parte da noite. Como a popu-lação do país é imensa há também muita gente em trânsito, de uma cidade para outra. A animação em alguns casos se deve ao fato de que, na China, a rua é um lugar de convivialidade, pois muitos dos atu-ais habitantes das grandes cidades vieram do interior, onde a vida comunitária conti-nua sendo importante. Todos correm para entrar no metrô e nos ônibus, mas assim que um estrangeiro pede alguma informação, várias pessoas procuram ajuda-lo e ainda insistem em tirar uma foto junto com ele. Sabe-se lá em quantas redes sociais eu não fui parar, depois de ter sido muito fotografada com chineses e chinesas das mais diversas idades. E, em alguns casos, mães e pais me entregavam crianças para que eu as segurasse no colo e eles, então, me fotografassem com seus pimpolhos! Claro que eu me sentia exótica, estranha, mas os sorrisos eram tão calorosos que me conquistavam.

Brasil, ou *Baxi*, em mandarim, é a palavra mágica em qualquer circunstância, até mesmo para taxistas, em geral muito irritados devido aos sérios problemas de um trânsito intenso e, muitas vezes, alucinante. Em todas as ocasiões, falar no Brasil, dizer que somos brasileiros é cair nas boas graças do interlocutor chinês. Na minha primeira aula de mandarim aprendi a dizer *Wo shì baxiren*, "eu sou brasileira". Confesso que usei e abusei desta pequena frase sem o menor constrangimento, nas lojas, nos taxis, nos cafés, mesmo quando não me perguntavam de onde eu era! Descobri em seguida que havia mais alguma coisa para aumentar o meu prestígio: dizer "eu sou professora", *Wo shì laoshi* ou, mais precisamente, *Wo shì dàxué jiàoshòu*, eu sou professora universitária. Foi assim que me ensinaram e foi assim que saí repetindo pela China afora com muita convicção e sucesso. É excepcional o respeito que os chineses têm pelos professores, o que está de acordo com a importância dada pelos países do Extremo Oriente à Educação.

Outra experiência interessante foi a visita ao que os xangaineses denominam "mercado dos insetos", um dos lugares mais curiosos que já vi e pouco frequentado por estrangeiros. Muito próximo de tudo o que há de mais moderno na cidade, ele é representativo de uma tradição milenar. Chama-se oficialmente "Mercado das flores, dos pássaros e dos insetos", mas o que mais se destaca é a parte dedicada aos grilos. Na China, a briga de grilos é um passatempo tradicional cuja origem remonta à dinastia Tang (618-907), tendo se tornado extremamente popular a partir dos Song

(960-1279). De lá para cá, só cresceu o interesse por esses simpáticos insetos barulhentos que também são comprados pelos pais como efêmeros animais de estimação para as crianças. Isso mesmo, grilos são *pets*!

Caminhando pelos estreitos corredores do mercado pude observar os compradores testando, com pequenas varinhas, os grilos que poderiam vir a ser bons lutadores nas rinhas que eles promovem entre os bichinhos. A luta não necessariamente leva à morte de um deles, mas é conduzida até que seja declarado o vencedor. No andar de cima do mercado, grupos de pessoas acocoradas em volta de pequenos potes de porcelana – potes que são as arenas das rinhas –, apostavam muitas vezes alto nos pequenos lutadores! Disseram-me que as lutas de grilos estão proibidas em diversas províncias chinesas, mas elas não me pareceram nada clandestinas em Xangai.

É claro que fui atrás de alguma lembrança daquele estranho mercado e comprei uma linda caixinha para guardar grilo. Pelas explicações da vendedora, ela acreditava que eu teria mesmo o meu grilinho em casa. Insistiu bastante para que eu comprasse também a comida, uma pasta verde que me pareceu pouco apetitosa. Fiquei, porém, satisfeita com a pequena caixa em madeira escura, com uma gavetinha para colocar a comida e uma parte em treliça para que ele pudesse respirar quando estivesse ali dentro. Com uma mistura de mandarim, inglês e gestos, convenci a gentil senhora de que eu não tinha um grilo e, portanto, não precisava de comida de grilo. Ela apenas sorriu e levantou os braços como se dissesse, "que coisa estranha".

Há muitos ocidentais em Xangai, em geral empresários e alguns diplomatas, nos consulados. A maioria anda com motoristas e com intérpretes, e os turistas, com guias. São bem raros os que, sem falar o idioma, ou falando muito pouco, aventuram-se a sair não apenas sozinhos, mas usando o transporte público, coisa que eu fazia diariamente. Algo tão simples proporcionava-me grande alegria. Afinal, os docinhos comprados com ajuda de mímica sonora tiveram um gosto muito especial e, da mesma maneira, eu jamais esquecerei o dia em que comprei a caixinha para grilo, que agora está na minha sala trazendo-me belas memórias. Vá que algum dia eu ainda adote um grilo de estimação...

Pinturas, pincéis e carimbos

Pintura é meu hobby. Sou apaixonada pelo meu trabalho de historiadora, mas pintar aquarelas é uma atividade à qual procuro dedicar parte do meu tempo. A pintura chinesa e as suas tintas e pincéis assemelham-se bastante à aquarela, portanto, estando na China, eu não perderia a oportunidade de aprender o que fosse possível sobre ela.

O curso de pintura que fiz e que muito me agradou foi no Centro Comunitário de Xangai, um local que divulga a cultura chinesa para os estrangeiros, ajudando-os também na sua adaptação como *expatriates*. Em Xangai quase todos, mesmo os que não falam inglês, sabem o significado desta palavra, geralmente abreviada como *expat* e que se refere aos estrangeiros que saem de seu país de origem para uma temporada relativamente longa no exterior. São muitos os cursos do Centro e, entre os mais requisitados, estão os de arte, de culinária, de mandarim e de noções de medicina tradicional chinesa. O lugar é simpático, a maioria dos funcionários é bilíngue em mandarim-inglês e quase todas as aulas, com exceção das de idioma, são dadas em inglês, mas com muitas palavras em mandarim.

Os estrangeiros que eu conheci no Centro Comunitário já estavam há bastante tempo na cidade, em geral a trabalho nos consulados ou em empresas internacionais. Minha turma de pintura era variada, com pessoas da Europa, do Japão, da Austrália, da Índia, dos Estados Unidos e também algumas chinesas. Já o curso de caligrafia, para avançar mais rapidamente, decidi fazer particular, com um professor que era um excelente especialista no assunto. A caligrafia é considerada também uma arte e mesmo quem não tem o domínio do sentido dos caracteres pode aprendê-la.

Comecei, então, minha busca por papéis, tintas e pincéis, com grande curiosidade. Orientada pela professora de pintura e por meus professores de mandarim e de caligrafia, iniciei a pesquisa de um nome chinês que eu adotaria para assinar minhas artes. Ele deveria ser curto para gravar, em caracteres, num carimbo, mas ter um significado que fosse agradável, pois a assinatura dos artistas, na China, é também considerada parte do trabalho. Minha ideia era a de que o nome soasse como Lícia. Eu queria, porém, que tivesse algo a ver com Carmen que, em latim, como expliquei de maneira simplificada aos professores, quer dizer poesia.

O escolhido por meu professor de mandarim, gentilmente, foi Lì Shi, abreviatura de Meilì shi, que significava "bela poesia". O meu mestre de caligrafia se envolveu bastante no desenho dos caracteres e passamos várias aulas procurando também a melhor maneira de escrever as sílabas no espaço de um carimbo. Os demais aprovaram animadamente, embora alguns chineses que conheci depois tenham me dito que preferiam Meilì! No entanto, foi sobretudo, um processo muito alegre e simpático.

Só depois de ter escolhido um nome é que eu poderia sair em busca de um profissional que gravasse o tal carimbo. Andei durante muitas tardes nas pequenas lojas da Fuzhou Lu, ou rua Fuzhou, observando o trabalho minucioso dos gravadores até fazer minha escolha. Em seguida, com meu belo carimbo, foi grande o meu treino em incontáveis folhas de papel de arroz até que eu aprendesse a assinar com ele. Inúmeras vezes, por mais cuidado que eu tivesse, colocava pasta em excesso e o resultado acabava sendo desastroso mas, depois de algum tempo, comecei a acertar.

Aos poucos fui descobrindo que não havia só o lado poético e belo dos carimbos. Eles são usados também em todas as repartições públicas e bancos, e bem mais simples do que os artísticos, pois são feitos em material sintético ou madeira, enquanto os de arte têm como suporte belas pedras ou jade. No banco, bastava chegar no guichê e fazer um pedido qualquer para que a funcionária em seguida sacasse um carimbo e o utilizasse várias vezes, pelo menos em dois ou três formulários. A China é o paraíso dos papéis, ninguém vive sem eles, para tudo é necessário apresentar algo escrito. Até os brasileiros, acostumados com o excesso de burocracia, ficam muito surpreendidos com tudo aquilo. E, no entanto, os chineses estão se informatizando cada vez mais em diversas áreas e avançando com celeridade no uso da internet, a ponto de fazer grande parte dos pagamentos a partir dos celulares, também onipresentes.

A dedicação que muitos devotam ao trabalho e o orgulho pelo resultado final são evidentes no que fazem. Guardo com carinho a lembrança de um minúsculo ateliê na Taikang Lu onde estive mais de uma vez para encomendar mais carimbos, pois não me contentando só com os da Fuzhou Lu, queria ver outros gravadores e conhecer melhor todo o processo. Aproveitei, também, para visitar pequenas lojas que expõem e vendem pinturas, esculturas, cerâmicas, objetos em vidro, em metal e diversos tecidos. A Taikang Lu é um reduto de artistas, todos muito comunicativos e interessados no contato com os estrangeiros. A alta qualidade dos trabalhos é a regra e, desde as peças mais simples e acessíveis até as mais sofisticadas e caras, é evidente o cuidado na sua elaboração e a atenção aos pequenos detalhes.

Fiz, então, encomendas de três carimbos no espaço de pouco mais de um mês. Na terceira vez o gravador, um simpático senhor de idade indefinida, mas certamente bem avançada, quis conversar comigo, saber mais a meu respeito para, segundo ele, criar uma peça especial. Após mais de uma hora de um complicado diálogo que misturava inglês e mandarim ele escolheu uma belíssima caligrafia para gravar meu nome e também uma figura com o macaquinho do zodíaco chinês, que correspondia ao meu signo e que ficaria no alto do pequeno carimbo em pedra. O mais incrível é que, depois de tudo, na hora de pagar, o artesão não aceitou meus *yuans*. Disse que aquele era o terceiro trabalho que fazia para mim e então estava me dando de presente para que eu nunca esquecesse da China, quando fosse embora de lá! Como esquecer? Momentos como aquele ficaram sendo parte das minhas melhores memórias.

Espiritualidade, comunismo e consumismo

Confesso, por mais que eu conhecesse a história e a economia da China, tendo dado muitas aulas e palestras envolvendo sobretudo a sua cultura, o país real, no qual eu estava vivendo pela primeira vez, era uma surpresa. Inevitavelmente, quando viajamos, carregamos em nossa bagagem algumas ideias pré-concebidas e nem sempre é simples abandoná-las, pois são justamente elas que nos dão segurança frente ao desconhecido. No entanto, quando nos instalamos em algum lugar por um certo tempo, temos condições de apurar o nosso olhar com algum tipo de imersão na nova realidade. Foi assim que a China que eu imaginava cedeu espaço para uma outra muito mais instigante e complexa. Para começo de conversa, não existe uma China "típica". Todos os estereótipos que tantas vezes são usados para defini-la correm o risco de ser superficiais. O que escrevo aqui é sobre um país múltiplo, denso, complexo e que se entranhou em mim para provavelmente nunca mais me deixar.

Os chineses são visceralmente ligados aos ensinamentos de Confúcio, valorizam a família, a hierarquia e o estudo, mas são também taoístas, uma espiritualidade menos hierárquica, ancorada no mundo da natureza, e muitos deles frequentam templos budistas, sem que tais opções entrem em conflito ou sejam excludentes. Muitas vezes eu vi pessoas de todas as idades, inclusive vários adolescentes, queimando incenso para as imagens de Buda que estão disseminadas por todo o país, no interior, mas também nas grandes cidades. E, em vários casos, escrevendo pequenos bilhetes que deixam presos nas paredes ou nos altares, fazendo pedidos ou agradecendo por algo que conseguiram. Visitei também a catedral jesuíta de Xangai e observei que vários padres eram chineses e rezavam missa em mandarim, o que me fez lembrar dos relatos de jesuítas que estiveram na China entre os séculos XVI e XVIII, a maioria deles exaltando, em seus textos, as qualidades de Confúcio.

Pode parecer estranho, mas o marxismo não tornou os chineses convictamente ateus. Contribuiu, talvez, para acentuar o agnosticismo de uma sociedade que nunca foi marcadamente teísta e muito menos de espiritualidade dogmática. Desde tempos ancestrais, os chineses convivem com várias superstições, acreditam em números que dão sorte ou azar e, por mais avançados que sejam atualmente, ainda assim evitam colocar, por exemplo, o número quatro, considerado de mau agouro, em placas de carro! Ouvi de jovens chineses totalmente inseridos na modernidade, que o número oito traz "muita sorte" e é bastante disputado para celulares e até para numeração de apartamentos. Meu professor de mandarim frequentava o templo do Buda de Jade, em Xangai. Perguntei se ele era budista e me disse que não, que ia ao templo porque lhe agradava a tranquilidade do lugar. Perguntei também se queimava incenso e ele me respondeu que "só de vez em quando, para acompanhar os amigos". Será mesmo que era só para acompanhá-los?

Comunistas? É assim que eles se denominam, ao menos oficialmente. Trata-se de um governo autocrático, de partido único e com tudo o que sabemos sobre a política e os controles na China. No entanto, a economia os desmente quanto ao credo marxista, pois mais liberal, aberta e tecnocrata, impossível. Eu diria que eles são muito mais imperiais do que comunistas, passaram de um império absolutista diretamente para a república, sem jamais terem sido monarquia constitucional. Tentar classificar a China de acordo com padrões de fora ou achar que a nossa ideia de democracia pode ser transplantada para outras sociedades parece-me a costumeira arrogância ocidental que tantas vezes bloqueia diálogos.

O que cresce a olhos vistos por lá, mesmo nas menores cidades do interior, mas sobretudo nos grandes centros urbanos, é o consumismo. As compras são uma paixão nacional. Passei sete meses conversando com muitos jovens e observei que o que eles mais querem é emprego com um bom salário, comprar e viajar. É comum também que famílias, mesmo não muito abastadas, juntem dinheiro para que seu filhos possam estudar no exterior, tendo como primeira escolha os Estados Unidos, depois o Japão e a Europa, dependendo do custo dos cursos e da renda familiar.

Proliferam por todo o país *shopping centers* imensos, no estilo ocidental, bem como os mercados locais que também atendem ao crescimento do consumo. Os jovens se interessam não apenas por artigos eletrônicos, em geral fabricados lá mesmo, mas também por roupas, bolsas e sapatos, sejam eles originais de grandes *griffes* internacionais, ou cópias, como vemos também no ocidente. No entanto, chamou sempre minha atenção a elegância das pessoas. Tecidos de alta qualidade, trajes com cortes impecáveis e, até nos exageros e brilhos de certos adereços, há muito charme e ao mesmo tempo uma onipresente delicadeza.

Mesmo tendo voltado ao Brasil e estando tão longe da China, vejo-me, certas vezes, repetindo pequenos gestos que eu trouxe de lá: a maneira lenta e complicada de amarrar as écharpes e os lenço de seda, o uso de canetas precisas e elegantes que me acompanham desde que fiz o curso de caligrafia em Xangai e até mesmo a disposição de pratos e de pequenos enfeites na mesa, para as refeições. No entanto, nada disso eu considero "exótico", mas simplesmente belo. Algumas vezes nós olhamos o que nos causa estranhamento como se estivéssemos observando uma peça de museu. Não foi, porém, o que me aconteceu na China. A cada dia, um pouco dela se acomodava dentro de mim, dando-me a impressão de que eu, ali, não estava de passagem.

No rastro das caravanas

Em nossa temporada chinesa teria sido tentador ficar só em Xangai desfrutando de tudo o que aquela incrível cidade nos oferecia. No entanto, decidimos que aproveitaríamos quase todos os finais de semana e feriados que lá, como no Brasil, são muitos, para viajar pelo país. Não nos arrependemos. Nossa primeira saída foi um dos pontos altos de toda a programação. Não tive dúvidas e organizei uma viagem que incluiria inicialmente Dunhuang, a cidade que se desenvolveu a partir de um oásis no deserto de Gobi, na província do Gansu, no extremo norte do país. De Dunhuang fomos depois para Xi'an, mas aquele primeiro destino era um dos que eu mais desejava conhecer.

Há alguns anos eu me interessava pela história de viajantes que, através dos séculos, percorreram uma rede de estradas e caminhos que atravessavam a Ásia e chegavam até os portos orientais do Mediterrâneo. Eles seguiam quase sempre em grandes caravanas e eram mercadores, peregrinos, missionários, agentes oficiais, diplomatas e aventureiros das mais diversas etnias que, de forma direta ou indireta, participavam de um importante intercâmbio não apenas de mercadorias, mas também de ideias e de crenças religiosas.

A história da grande movimentação caravaneira que ocorreu principalmente entre os séculos II e XIV despertou grande curiosidade bem mais adiante, no século XIX, em arqueólogos e orientalistas. Foi então que o geógrafo e explorador Ferdinand von Richthofen cunhou o nome de Rota da Seda para aquela imensa rede de comunicações, de acordo com o romantismo oitocentista e em virtude da seda ter se constituído em um dos mais caros e cobiçados produtos que a Ásia enviava para a Europa.

Principalmente durante a Idade Média, o oásis de Dunhuang foi um local de encontro e de reabastecimento das caravanas que ali se preparavam para etapas mais difíceis que encontrariam pela frente. Era um ponto estratégico para descanso, no entroncamento de vários caminhos, já que muitos depois seguiriam para destinos diversos. Vale lembrar que as pesquisas mais recentes têm mostrado uma enorme variedade de contatos, apontando para uma rede de intercâmbio muito mais densa do que a que foi vislumbrada pelos estudiosos do século XIX.

Desembarcamos em Dunhuang após um ótimo voo em uma companhia aérea chinesa, tendo sido essa uma das poucas viagens que não fizemos de trem, dada a grande distância de Xangai até a província de Gansu. Éramos os dois únicos ocidentais à bordo. A chegada ao *Silk Road Hotel* foi impactante, o prédio tem uma arquitetura externa sóbria, sem nenhuma outra construção à sua volta. Na recepção, tapeçarias, pinturas e mapas formavam um ambiente luxuoso e elegante. O quarto era encantador, uma colcha de seda macia em uma enorme cama, caligrafia chinesa em pedaços de bambu, nas paredes e, da janela, a vista das imensas dunas do deserto.

Uma hospedagem perfeita, se não fosse a total incapacidade dos funcionários, mesmo na recepção, de falar inglês ou qualquer outro idioma ocidental. Foi ali que descobrimos que a expressão "hotel internacional" é uma ficção em muitas cidades do interior, ainda que seu nome seja anunciado em inglês em todos os folhetos e páginas da internet. Mais adiante, conversando com amigos chineses, soubemos que turistas estrangeiros viajando sem excursão, sem um guia local, como sempre foi o nosso caso, constituíam-se numa raridade.

No hotel, tentei mais de uma vez pedir açúcar para o meu chá, o que foi impossível. Em primeiro lugar porque os chineses tomam chá sem açúcar, mas também porque a palavra *tang*, que eu tentava pronunciar corretamente, pode significar várias coisas, dependendo do tom em que é dita (o mandarim é um idioma tonal), inclusive sopa. E, considerando que para eles não é impossível tomar sopa acompanhada de chá, sempre que eu fazia meu pedido, em vez de açúcar era brindada com um fumegante pote de sopa. Tentei explicar através de gestos, mostrando que eu queria colocar algo dentro do chá e então, meio espantados, me trouxeram mais uma colher... Teriam imaginado que eu desejava misturar o chá na sopa? Devem ter pensando, "esta estrangeira é estranha". A dificuldade na comunicação, porém, não impediu que a viagem fosse memorável. A beleza do hotel e os imensos sorrisos de seus funcionários nos conquistaram e fizeram também com que nossa estadia fosse muito agradável. Digo sem pestanejar que eu me hospedaria ali novamente, mas é claro que agora já falando ao menos um pouquinho do mandarim básico... Fica porém o registro de que, nas cidades maiores, onde há pelo menos alguns estrangeiros, eles já se acostumaram que muitos gostam de colocar açúcar no chá!

A noite foi tranquila, silenciosa e a visita às grutas, chamadas também de cavernas de Mogao (nome de um distrito local, na época da dinastia Tang), no dia seguinte, foi uma das experiências mais marcantes que eu já vivi, de uma beleza impressionante. O próprio deserto de Gobi com suas imensas extensões de areia e altas dunas é um espetáculo fantástico. Em um longo penhasco, situado em uma das pontas do deserto, começaram a ser escavadas, desde o século IV, inúmeras grutas cujo objetivo era o de abrigar monges budistas que dariam apoio espiritual para integrantes das caravanas que tinham, naquela região, a última parada ainda sob proteção do governo do império chinês. A cidade-oásis de Dunhuang se constituía no derradeiro posto militar antes da fronteira, nas proximidades do também temido deserto de Taklamakan e, a partir dali, os viajantes passavam a enfrentar rotas menos protegidas e certamente expostas a maiores perigos, tanto de assaltantes – que sabiam da riqueza dos produtos levados pelos caravaneiros para o comércio de longa distância –, quanto de uma natureza inóspita.

Os monges que foram se instalando nas grutas de Mogao através dos séculos desenvolveram uma ativa comunidade que se transformou em importante centro de devoção, mas também de apoio aos viajantes. Não era incomum que os mercadores que tivessem uma boa situação financeira encomendassem pinturas e esculturas para a decoração das cavernas, tanto para ter boa sorte ao enfrentar os percalços dos longos caminhos que os esperavam pela frente, quanto para agradecer o retorno ao território chinês, após viagens bem sucedidas. Por outro lado, pagar para que as grutas fossem decoradas com belas obras de arte era um ato que permitiria, para os budistas, a acumulação de mérito, importante para que os próximos renascimentos ocorressem em situação favorável. No entanto, não só os viajantes foram os responsáveis pela arte de Dunhuang. Alguns especialistas que têm estudado as imagens e as esculturas consideram que provavelmente diversas autoridades da região atuaram também como mecenas de toda aquela beleza,.

Aos poucos aumentou o número de grutas cujo interior era recoberto de pinturas e esculturas e, no século XIV, o conjunto artístico já havia atingido o seu auge. Ao todo são 492 grutas decoradas e mais 243 que, no passado, serviram como celas para o alojamento e atividades diárias dos monges. É difícil descrever a sensação de ver tudo aquilo ao vivo. Há uma profusão de pinturas que cobrem as paredes e os tetos com temas relacionados ao budismo, mas também reproduzindo as atividades das caravanas, com cenas de viagem e de diversas atividades rotineiras. Os personagens retratados não são apenas chineses, há muitos mongóis, tibetanos, árabes, persas e representantes de outros povos que circularam pela Rota da Seda, grande parte deles como mercadores. E, além das pinturas, muitas esculturas, algumas delas de imensos budas. Durante a visita, entra-se apenas em um número limitado de grutas, mas mesmo assim o esplendor é tanto que minha emoção perdurou por um longo tempo depois que deixei Dunhuang.

Se me perguntam sobre o que mais me impressionou na China, não dou uma reposta única, mas digo que foi a densidade cultural do país, o respeito pela educação, a simpatia das pessoas e a reverência dos chineses para com a sua História. Jovens, crianças e idosos, eles são muitos a visitar os museus e os sítios históricos e arqueológicos, e o fazem com alegria e encantamento. Como viajávamos durante períodos que não correspondiam às férias de outros países, eram raros os ocidentais em alguns lugares, o que fazia com que virássemos atração. A gentileza dos chineses de todas as idades para com os estrangeiros é proverbial e nos sentimos sempre privilegiados e alvo de atenção. A viagem a Dunhuang foi, entre tantas outras muito gratificantes, a que mais me tocou, talvez porque aquele era um lugar que povoava meus sonhos, talvez porque a magia das pinturas resplandecia em mil cores e me trazia, em imagens, histórias que eu conhecia através das palavras.

Trens, pato laqueado, riquixás e jesuítas

Na viagem de Xangai a Beijing, como em muitas outras que fizemos na China, nos decidimos pelo trem. O horário diurno permitiu que apreciássemos as paisagens sempre variadas, com rios, canais, pequenas cidades, plantações de arroz, camponeses com seus grandes chapéus tradicionais e carregando cestos de bambu, cenários que pareciam saídos de uma pintura antiga. De repente, porém, surgia uma fábrica enorme, prédios residenciais altos e moderníssimos, pontes imensas, poluição, até voltar às cenas bucólicas. Nossa viagem durou aproximadamente nove horas, incluindo diversas paradas para os que faziam percursos mais curtos. Havia outro trem mais rápido e noturno, no entanto teria sido uma pena perder tudo o que vimos.

Uma curiosidade nos trens chineses em que viajamos, ao menos curiosidade para nós, é claro, pois é algo habitual na China: em diversos vagões há um tambor de metal com água fervendo. Os passageiros levam para bordo embalagens de sopa e de massas instantâneas e também ervas ou saquinhos de chá nas suas próprias canecas e servem-se da água do trem. Prático e confortável. Nos corredores, circulam também vendedores de lanches, pois os chineses gostam de comer durante o dia e mesmo nas ruas sempre há, por todos os lados e em todas as cidades, barraquinhas com algum tipo de comida bem saborosa.

Eles gostam muito também de jogar e de participar de apostas diversas. Nos trens, em muitos dos percursos que fizemos, sempre havia algum grupo jogando cartas. No trajeto entre Xangai e Beijing não foi diferente e, no nosso vagão, quatro pessoas jogaram até a chegada, enquanto outras subiam e desciam em algumas cidades do caminho, fazendo percursos mais curtos, mas também jogando. Como ficavam muito concentradas e mal falavam entre si, suponho que estavam apostando alto e não apenas se divertindo ou fazendo o tempo passar mais rápido.

É claro que a visita à chamada Cidade Proibida é o programa mais difundido entre os turistas que visitam Beijing. São muitas as salas em cada ala daquela imensa e fantástica construção e, em algumas delas, há exposições de porcelanas, pinturas e bronzes de diversas épocas. O luxo da corte imperial deixou sua marca no interior da muralha vermelha. Fiz a visita sozinha, pois desejava permanecer ali por muitas horas, detalhista que sou, para observar tudo o que me interessava. Dispensei também o acompanhamento de guia, já que eu tinha um ótimo livro que descrevia todo o interior daquela cidade-palácio.

Após uma tarde bem aproveitada, o mais divertido foi o que aconteceu no final do programa. Fui para a rua buscando um táxi que me levasse de volta ao hotel. O que consegui foi um tipo de moto-riquixá, que em vários países da Ásia é chamada de *tuk-tuk*. Ela é bastante comum na China e mais usada pelos próprios chineses do que por turistas – que em geral circulam em ônibus especiais com seus guias –, e tem três rodas, uma na frente e duas atrás, sendo precariamente fechada, com um teto e painéis laterais de plástico.

O motorista perguntou de onde eu era, respondi *Baxi* e ele, em seguida, falou "Ronaldo", nosso jogador de futebol, que manteve-se como um ídolo na China. Deu, depois, uma grande e gostosa gargalhada e saiu em desabalada carreira, ultrapassando bicicletas, mas também carros, subindo em algumas calçadas e sempre rindo muito e repetindo "Ronaldo" com uma pronúncia que parecia mais "Lonaldo" (porque o mandarim não tem a letra "r"). Extremamente simpático e alegre, de vez em quando olhava para trás, o que me deixava meio angustiada naquele trânsito louco. Falava um pouco de inglês e tenho absoluta certeza de que ele achava que eu também estava me divertido muito e admirando sua destreza ao volante! Não posso negar que foi mesmo um tanto emocionante.

À noite jantamos o grande prato de Beijing, pato laqueado. Saboroso, delicado, com pequenas panquecas muito leves que o acompanham e que, quando são bem feitas, servem apenas de suporte para a carne e para os temperos, junto com pedaços de pepino e de cebolinha, e um delicioso molho. Na verdade há pato laqueado por toda a China e eles ficam pendurados nas vitrines enquanto estão "secando" para que a pele se torne bem crocante ao assar, mas o que comemos em Beijing era claramente mais saboroso do que todos os que tínhamos provado anteriormente. Segundo nos explicou o cozinheiro local, é o cuidado no uso de cinco temperos e o tratamento dado à pele, servida separadamente da carne, como aperitivo, que faz a receita deliciosamente insuperável.

Beijing é uma cidade interessantíssima e embora o chamado circuito oficial seja de grande riqueza, alguns locais fascinantes nem sempre são frequentados pelos turistas ocidentais. O que é conhecido como as ruínas do Antigo Palácio de Verão é um desses casos. Não se trata do famoso Palácio de Verão que está em todos os guias, mas das imponentes ruínas de um antigo e fantástico conjunto de jardins e construções que data do início do século XVIII e que, posteriormente, foi barbaramente destruído pelos europeus durante a Segunda Guerra do Ópio.

Em 1707 o imperador Kangxi, da dinastia Qing, deu início às obras que continuaram com seu sucessor Yongzhen e foram concluídas durante o reinado de Qianlong. Sua principal característica era a de conjugar arquitetura chinesa e ocidental e, atualmente, as ruínas que mais impressionam são justamente as das chamadas "mansões ocidentais". Fontes, palácios e jardins em estilo europeu do século XVIII foram encomendadas pelo imperador Qianlong a dois jesuítas que trabalhavam há mais tempo na corte chinesa, o italiano Giuseppe Castiglione e o francês Michel Benoist.

Castiglione era um destacado pintor e estava em Beijing desde o reinado de Kangxi, imperador que acolhia diversos inacianos que eram também cientistas e artistas. Benoist, grande conhecedor de arquitetura e de hidráulica, foi o responsável pela estrutura e funcionamento das fontes. Para mim, que estava pesquisando há cerca de dois anos a história das atividades dos jesuítas europeus na China, foi emocionante caminhar em meio às ruínas que, imponentes, dão uma ideia da grandiosidade do que deve ter sido tudo aquilo. Um pequeno museu dentro dos jardins apresenta alguns objetos que restaram mas, sobretudo, fornece boas explicações em inglês e mandarim sobre o projeto e sua execução.

Infelizmente, em 1860, o local foi barbaramente atacado, saqueado e incendiado por tropas francesas e britânicas. A destruição foi ordenada durante a Segunda Guerra do Ópio por Lord Elgin, Alto Comissário Britânico na China. Tal barbárie, na época, deixou consternados também alguns europeus, entre eles o escritor Victor Hugo que, em uma carta-aberta a alguém que ele denomina Capitão Butler, deixou clara sua indignação, acusando a França e a Inglaterra de terem agido como bandidos na pilhagem do que era considerado uma das grandes maravilhas do mundo.

Minha emoção com a visita ao Antigo Palácio de Verão foi imensa, mas o encantamento ainda prosseguiria em Beijing. Seguindo os passos dos jesuítas, que tinham sido parte de um rico encontro entre o Ocidente e o Oriente ocorrido entre os séculos XVI e XVIII, visitei um lugar que é conhecido como o Antigo Observatório Astronômico. Atualmente é um museu que evoca um período no qual os padres trabalharam na corte imperial também como matemáticos e astrônomos, sendo os mais famosos o alemão Adam Schall von Bell e o flamengo Ferdinand Verbiest. Ambos foram reconhecidos pelos chineses como grandes cientistas e o museu tem uma galeria que lhes rende homenagem com painéis que contam, em textos bilíngues mandarim-inglês, um pouco da sua história. É interessante destacar que em praticamente todos os museus da China, mesmo nas mais distantes e menores cidades, há sempre explicações em inglês.

Algo que me chamava a atenção era a valorização das ciências e dos cientistas, fossem eles chineses ou estrangeiros. Talvez por este respeito às ciências é que os jesuítas tenham sido colocados em destaque, com seu trabalho sempre muito apreciado por diversos imperadores, alguns deles chegando a desfrutar do status de mandarins. Bem diferente, em muitos aspectos, da situação dos missionários no Japão, onde sua história foi bem mais conturbada, em contexto bem distinto do chinês.

A visita ao Cemitério Jesuíta de Beijing também me causou uma forte impressão. Fiz o contato prévio porque o local só é aberto sob demanda, mas sem nenhum impedimento. Os visitantes podem caminhar tranquilamente entre os vários e bem cuidados túmulos dos padres europeus que morreram na China, onde a maioria deles tinha vivido por muitos anos. Destacam-se, logo na entrada, os túmulos de Matteo

Ricci, de Adam Schall von Bell e de Ferdinand Verbiest, dado o seu prestígio como letrados e cientistas, porém todo o cemitério é emocionante. Não pude deixar de lembrar que ali estava o testemunho de uma época na qual os imperadores respeitavam e honravam aqueles que consideravam como detentores de muitos saberes, ainda que oriundos de terras distantes e de outras culturas. E o mais interessante é que, atualmente, o próprio governo chinês, que se considera comunista, mantém cuidadosamente o local, portanto prestigiando um rico encontro ocorrido no passado, entre o ocidente e a Ásia. Há muito o que pensar sobre tudo isso nos dias atuais, quando se fala em diálogo e em multiculturalismo, mas em meio a uma realidade de tanta intolerância.

A surpreendente Xi'an, seus guerreiros de terracota e seus muçulmanos

A decisão de ir a Xi'an devia-se principalmente ao nosso interesse em ver o famoso exército de terracota, conhecido no mundo como uma das mais incríveis descobertas arqueológicas da China. No entanto, foi toda a cidade que nos surpreendeu positivamente. Capital da província do Shaanxi, Xi'an, que já foi chamada de Chang'an, tem um passado muito rico de centro político e cultural, foi capital do império em mais de uma oportunidade e um dos pontos mais importantes de onde saíam as caravanas que se destinavam à Ásia Central e aos portos do Mediterrâneo oriental. Não há como fazer referencia a Xi'an sem falar sobre a sua história, pois é ela que está onipresente por todos os cantos da cidade. Posso garantir, não é minha paixão de historiadora, é o próprio local que não dá outra chance a não ser a de mergulhar com gosto no passado!

Há uma importante população de muçulmanos na cidade. A história do Islã na China remonta ao período do grande desenvolvimento da Rota da Seda, com a chegada de mercadores árabes e persas. No ano de 651 o imperador Gaozong, da dinastia Tang, autorizou a prática da religião muçulmana que então se enraizou no império. A miscigenação ocorrida entre aqueles árabes e persas dos séculos VII e VIII através dos casamentos com mulheres chinesas fez com que, no decorrer do tempo, crescesse o número de praticantes do Islã com traços fisionômicos totalmente sinizados e falando o idioma chinês. Este grupo denomina-se Hui e diferencia-se dos chineses em geral não por suas feições, idênticas, mas pela religião e hábitos alimentares já que, por exemplo, eles não comem porco, uma das carnes mais difundidas na culinária da China.

Por outro lado, com a expansão ainda nos tempos do Império do Meio em direção a regiões habitadas por outras etnias e culturas, entre elas a dos uigures muçulmanos (povo de origem e idioma turcomeno), esse outro grupo, da região do Xinjiang e de fé islâmica, foi incorporado ao território chinês. Na cidade de Xi'an, porém, que se situa na província de Shaanxi, a maioria dos muçulmanos é Hui e, dada a sua maior assimilação à cultura chinesa, eles não enfrentam exatamente os mesmo problemas e nem participam das mesmas reivindicações de autonomia dos uigures. A situação dos muçulmanos na China é complexa e está longe de ser idêntica para todos eles assim, não é o caso de fazer aqui considerações histórico-sociológicas aprofundadas. Meu relato é mais descritivo do que analítico.

A chamada Grande Mesquita não é única em Xi'an, há muitas delas, mas é a mais bonita e ampla. Fica na rua Huajue e vale muito a visita. Sua arquitetura é essencialmente chinesa, com referências muçulmanas e com a presença da caligrafia nas paredes, tanto em árabe quanto em chinês. Os pavilhões e os jardins são refinados e sua construção, como é vista atualmente, data da dinastia Ming, embora para o mesmo local exista o registro de uma mesquita anterior a ela.

Depois da visita, meu marido e eu resolvemos flanar pelas ruelas do bairro e nos detivemos nas pequenas lojas que vendiam os mais variados produtos e alguns belos bordados. Almoçamos em um dos restaurantes da rua Beiyuan Men. O cardápio mostrava a foto de espetinhos de carne, que foi a nossa escolha. Junto com os espetinhos (que nos informaram ser de carneiro) nos serviram uma sopa com pedaços de pão mergulhados nela. Não nos arrependemos, pois o tempero estava excelente, com um acentuado e delicioso sabor de sésamo.

O programa do dia seguinte era a visita ao famoso exército dos guerreiros, em terracota. Qin Shi Huangdi, considerado o primeiro imperador histórico (de existência comprovada pela documentação) mandou que fossem realizadas aquelas fantásticas esculturas que o acompanhariam em seu túmulo, depois da morte. Seu reinado foi curto, durou apenas onze anos, entre 221 e 210 a.C. No entanto, ele é considerado o responsável pelo estabelecimento, pela primeira vez, de uma burocracia unificada na China. Todo o imenso conjunto dos guerreiros ficou embaixo da terra sem que houvesse conhecimento dele até o ano de 1974 quando, por acaso, agricultores da região que estavam escavando um poço nas proximidades onde o imperador havia sido sepultado descobriram uma das esculturas. A China, que possui um corpo de arqueólogos qualificados, pois sua história milenar deixou testemunhos importantes que têm sido descobertos ao longo dos anos, realizou, então, um trabalho cuidadoso que trouxe à luz um excepcional conjunto de figuras esculpidas, não apenas os magníficos soldados, mas também cavalos, carros de guerra, garças, cisnes e outros animais em bronze.

Todas essas descobertas são visitadas no próprio local em que foram encontradas, transformado em um museu mas que continua sendo um sítio arqueológico. Logo na entrada do pavilhão, imenso, está exposto um carro impressionante, puxado por quatro cavalos e com um condutor com as rédeas na mão. A peça foi feita em bronze e, por sua complexidade, atesta o grande avanço da metalurgia na China, no século III a.C.

Por mais que eu já tivesse visto fotos de todas aquelas descobertas, deparar-me de repente com o conjunto de esculturas, com milhares delas, magníficas, foi uma imensa emoção. A primeira reação que eu tive foi de espanto pela monumentalidade. Em seguida comecei a caminhar à volta das fossas onde se encontram os guerreiros, para observar os detalhes dos rostos, dos cabelos, das expressões individualizadas, das roupas. Guardiões do imperador, sua descoberta testemunha o poder absoluto de

Qin Shi Huangdi, que podia encomendar tal empreitada de arte funerária para, segundo as crenças da época, acompanha-lo depois da sua morte terrena.

Retornando ao hotel naquela noite, permaneceu em mim o impacto de tudo o que eu tinha visto e a confirmação mais do que clara de que a civilização chinesa é, sem a menor dúvida, milenar e que os ecos do passado muito distante ainda reverberam no presente. Se há mais de 1800 anos a arte já havia atingido tão refinado nível de desenvolvimento no Império do Meio, como se pode pensar que é possível entender o universo mental de um povo cuja história é tão rica e sofisticada, sem muito estudo, muito mesmo, a seu respeito? Sou uma estudiosa da China, mas jamais me diria sinóloga. Não atingi tal estágio de conhecimento e talvez nunca o atinja. E me contento em continuar estudando.

Hong Kong e Macau: chinesas, com ecos da Europa

Nossa viagem de Xangai a Hong Kong foi de avião, já que não tínhamos muito tempo e queríamos acrescentar uma ida também a Macau, que faríamos em uma pequena e rápida embarcação. Escolhemos a Air China, uma companhia aérea muito boa, com um simpático serviço de bordo. Hong Kong tem uma situação geográfica peculiar, com muitas ilhas. O comandante nos mostrou a paisagem, realmente um deslumbramento. Ele nos avisou para que olhássemos pelas janelas e parecia muito entusiasmado, descrevendo a região e insistindo que desfrutássemos daquela visão impressionante. A chegada do voo foi tranquila, em um aeroporto moderno, com todas as informações em inglês e mandarim.

Tivemos a boa ideia de comprar um mapa que muito nos ajudou, pois não se trata de uma cidade convencional, com um único centro. As distâncias são grandes, mas o transporte público é excelente e os taxis também são muito bons, com os motoristas falando bem o inglês, aliás como grande parte da população local, já que a região esteve sob domínio britânico depois da Primeira Guerra do Ópio, que ocorreu entre 1839 e 1842. Seu retorno à China ocorreu somente em 1997.

As ilhas de Lantau e Hong Kong estão ligadas à parte da Península, chamada de Kowloon. É fácil e rápido passar de uma para a outra e nosso primeiro programa foi um passeio ao porto Victoria, em Kowloon, de onde se tem uma vista belíssima dos arranha-céus de Hong Kong refletidos na água. O Museu de Arte da cidade tem um acervo impressionante. Uma das galerias do museu foi organizada para abrigar um acervo doado por Low Chuck Tiew (1911-1993), grande colecionador chinês que adquiriu, durante toda a sua vida adulta, uma grande quantidade de obras da mais alta qualidade tendo sempre como objetivo um dia coloca-las em um museu para que ficassem disponíveis para o grande público.

A quantidade de gente nas ruas é impressionante. Andamos muito e visitamos também a *Flagstaff House* (nome que aparece nos mapas) que se denomina oficialmente *Flagstaff Museum of Tea Ware*. É parte do Museu de Arte, mas situa-se em outro local, no meio do Hong Kong Park. A casa foi residência do Comandante das Forças Britânicas na cidade e passou a museu no ano de 1984, ampliado com uma nova ala em 1995. Hong Kong é assim mesmo, muito chinesa e com diversas evocações do império britânico que, no entanto, não a tornam nada europeia. São apenas ecos da Europa e dos velhos imperialismos naquele porto distante.

Após a nossa visita à *Flagstaff House*, resolvemos caminhar sem rumo nas diversas ruas ali por perto e ficamos meio atordoados com a quantidade de pessoas andando de um lado para outro, fazendo muitas compras, carregando uma enorme quantidade de sacolas, animadamente. Nas ruas, há também muitos carros e bicicletas. O que mais me impressionou foi ver as bicicletas repletas de embrulhos, todos eles bem equilibrados, em alguns casos fazendo uma verdadeira torre atrás do ciclista, que pedalava rapidamente e muito confiante! E eu, provavelmente com cara de boba, olhando aquele interessante movimento e andando em um pedaço de rua que me parecia ser a calçada, quase fui atropelada por um veículo que não sei bem se era moto ou bicicleta, mas que estava carregadíssimo de cebolas! O condutor buzinou forte, gesticulou e certamente me xingou porque eu estava atrapalhando o seu ritmo e sobretudo o seu equilíbrio. Teria sido um acidente tragicômico, o meu atropelamento, soterrada sob um monte de cebolas. Felizmente escapei por pouco, ou pela habilidade do chinês que conseguiu desviar de onde eu estava, não sem muito reclamar, aos gritos. E com toda a razão.

Afinal, recuperada de toda a confusão, entramos em uma das casas de chá da cidade que servia, além de chás, os *dim sum*, uma especialidade cantonesa, mas bastante comum em todo o sul da China. São pequenas porções de petiscos salgados, muitos deles apresentados em cestos de bambu onde foram cozidos no vapor. É uma experiência deliciosa. Pequenas trouxinhas de massa recheada, mas também pedaços delicados de frango, de porco, de camarões e de legumes cortados bem finos, numa variedade enorme de sabores que chegava na nossa mesa, junto com o chá, é claro. O que mais gostei de tudo o que nos serviram foi um pãozinho muito macio recheado com uma pasta de sementes de lótus, simplesmente deliciosa. O cardápio bilíngue mandarim-inglês em muitas das *Tea Houses* de Hong Kong facilita as escolhas mas, no nosso caso, deixamos que o garçom nos trouxesse um pouco de tudo, na ordem que ele mesmo escolhesse. Um maravilhoso exagero! Não há a menor dúvida de que Hong Kong é chinesa, nos comportamentos, na culinária, no entrevero do trânsito, ainda que ali todos falem muito bem o inglês, diferente de grande parte da china continental.

No terceiro dia em que estávamos na cidade, decidimos pegar um *jetfoil* para visitar Macau. São diversas embarcações de alta velocidade que deixam o *Hong Kong-Macau Ferry Terminal* a cada quinze minutos e fazem a travessia em apenas uma hora. Meu interesse era o de conhecer sobretudo a Macau histórica, de raízes portuguesas. No entanto a cidade, mesmo tendo sido arrendada a Portugal no século XVI, tinha uma população muito variada, unida por interesses econômicos, já que sua função principal era a de porto e entreposto comercial em um ativo comércio entre a Europa e a Ásia.

Portugal sabia da impossibilidade de conquistar a China, portanto atuava consciente de que era importante manter aquele enclave rentável através da coincidência de interesses entre lusos, chineses, malaios e outros, na prática do comércio marítimo.

Macau desenvolveu-se com a curiosa característica de uma arquitetura europeia e com uma população que, no avançar dos séculos, foi se tornando marcadamente chinesa através da miscigenação inicial entre lusos, chineses e outros asiáticos, e com a posterior predominância chinesa.

O estatuto de Macau só se modificou no século XX e a transferência da soberania para a China ocorreu em 1999. Lá estava eu, então, querendo ver não a Macau moderna dos cassinos, que são muitos e imensos, mas o que tinha restado de um passado sobre o qual eu já tinha lido tanto. Nosso primeiro destino na cidade foram as chamadas ruínas de São Paulo, na verdade uma imponente e belíssima fachada do que antes havia sido a Igreja da Madre de Deus, junto ao denominado colégio Jesuíta de São Paulo, que não mais existe no local. Um grande incêndio ocorrido em 1835 destruiu totalmente o colégio e quase toda a igreja, da qual restou apenas a fachada. Sua visão, porém, é impressionante. Ela se ergue magnífica, sozinha no alto de uma escadaria, contra o céu.

Caminhamos muito também na parte mais central da cidade, no Largo do Senado, cuja placa indicativa ainda hoje está escrita em português e em mandarim. Pedindo informações, descobrimos que quase mais ninguém fala português na cidade e, conversando com um senhor português em uma livraria especializada em livros editados em Portugal, ele nos confirmou que o idioma, assim como seus clientes, restringem-se a pequenos grupos da universidade, a alguns artistas, escritores e a chineses que têm negócios com Portugal. Mas, segundo ele, a procura por aulas de português estaria crescendo entre os jovens, o que me parece que realmente tem ocorrido mais recentemente.

Nas ruas de Macau a população é, toda ela, de feições chinesas. Fomos almoçar em um restaurante português perto do Largo do Senado e, apesar do cardápio bilíngue em mandarim e em português, éramos os únicos ocidentais entre os clientes. Pedimos um bacalhau que estava muito bom, regado com um excelente azeite de oliva. O garçom nos trouxe garfo e faca. Pois bem, os nossos vizinhos de mesa, três chineses que até então estavam comendo com seus *kuàizi* (traduzindo, "varetas", que também conhecemos pela palavra japonesa *hashi*), ao ver que usávamos os talheres pediram imediatamente garfo e faca para o garçom e começaram a nos imitar. Muito à vontade, sem disfarçar, olhavam atentamente para nós e faziam gestos semelhantes aos nossos. Foi bem divertido, procurei comer lentamente, mostrando como cortava a comida e a colocava no garfo e eles mesmos riam muito, enquanto nos imitavam! No final do almoço, quando saímos, garçons e clientes acenaram (?) com muita alegria e com a simpatia chinesa de sempre. Mais uma vez, era o contato com as pessoas o que tornava nossas viagem tão cativantes.

À guisa de conclusão: não se define o que é complexo

Eu já percorri o mundo, perdi a conta de quantas viagens já fiz, desde meus tempos de estudante. Morei em muitas cidades, sozinha ou acompanhada. Mais adiante, casada com um homem igualmente adepto do nomadismo, criamos filhos também viajando, mas nenhuma de minhas experiências de vida se compara, em fascínio, aos sete meses passados na China. É difícil definir um país que se constitui em uma instigante e milenar civilização que se orgulha enormemente de suas raízes e que, conhecendo sua História, sabe que já foi o poderoso Império do Meio. Um país que tem alcançado grandes progressos combinando um governo autocrático e uma economia liberal, algo que há algumas décadas seria inimaginável.

Engana-se quem pensa que, na China, vai encontrar um exotismo onipresente, roupas que consideramos típicas usadas na vida diária e outras sinalizações da alteridade mais extrema. Mas engana-se também quem pensa que a modernização acelerada até nas menores cidades apagou o passado, enterrou as tradições em favor de uma nova China que avança sem olhar para trás. Trata-se de uma sociedade que convive de maneira admirável com o novo e com o tradicional, amalgamados, que se orgulha da sua história, de seus mandarins letrados, mas também de seus belos e arrojados prédios contemporâneos e de seus trens moderníssimos, de alta velocidade. Uma sociedade que valoriza a educação e os professores e que entende que o acúmulo de conhecimento está na base do progresso.

É Confúcio ainda muito presente, ele que foi banido durante a Revolução Cultural, mas cujos ensinamentos voltam a ser resgatados. E, sobre a Revolução Cultural, poucos querem falar. Alguns se entristecem ao lembra-la, outros desconhecem os detalhes porque a história oficial preferiu apaga-la dos manuais escolares.

Durante nossa temporada na China, procurei ter sempre a experiência de imersão na vida diária das pessoas, fiz compras nos mercados mais frequentados pela população local, nas lojas de bairro e em ruas de pouco turismo. Em Xangai, tive aulas de mandarim, de caligrafia, de pintura chinesa e até mesmo de culinária com professores que gostavam muito de conversar. A base da comunicação era o inglês, que alguns chineses com menos de 40 anos, nas grandes cidades, falam, mas alguns com bastante dificuldade, o que tornava o contato ainda mais animado, como já relatei. Tínhamos que recorrer a gestos e aos meus parcos e sempre muito hilários conhecimentos de mandarim. Hilários porque, invariavelmente, eu não conseguia dar o tom certo para as palavras e elas, então, mudavam totalmente de sentido! Isso sempre nos rendeu muitas risadas.

O meu temperamento, que é mesmo o de conversar até com completos desconhecidos, me fez conhecer a China em seus muitos aspectos, aprendendo sobre os comportamentos, as regras sociais, os gostos e até mesmo as superstições dos chineses. E o que mais chamava minha atenção era a gentileza das pessoas, a maneira sorridente com a qual se aproximavam de nós ou como respondiam nossas perguntas e pedidos de informações.

Uma das maiores delicadezas na China é a apresentação de diversos pratos da culinária, sempre muito bem arrumados, e também a maneira de servir o chá. Os bules, bonitos e elegantes, chegam a ser, em certos casos, verdadeiras obras de arte. Pessoas de todas as idades tomam muito chá, em geral verde e em grandes copos, andando nas ruas e até mesmo nos meios de transporte, mas o ritual de servir a bebida a partir de bules mais sofisticados é comum em diversos restaurantes e, é claro, nos ambientes domésticos, onde então se toma também o *oolong* e o magnífico *pu'erh*, entre outros.

Politicamente, a China não é uma democracia, mas nunca o foi no decorrer de toda sua história. Se, na guerra civil que opôs Mao Zedong e Chiang Kai-shek, o vencedor tivesse sido Chiang, o país também não teria passado a ser democrático. Esse, porém, é um tema que não caberia discutir aqui. Há muitos de livros que tratam do assunto, no entanto falam pouco daquelas miudezas do dia-a-dia e da força das mentalidades ancestrais que muitas vezes explicam melhor uma nação do que a política. De qualquer maneira, não me parece que se possa definir o que é complexo.

Escrevi este livro não para dar explicações bem organizadas sobre a China, mas para contar uma pequena parte do que vivi e do que ficou em mim, depois de sete meses nos quais mergulhei intensamente em tudo o que encontrava. E o que permanece ainda hoje é muito mais do que boas lembranças, é uma luz intensa que cada vez que penso naquele país e nos chineses que conheci, eu viajo novamente, na minha memória, para o outro lado do mundo. Exagero? Pois eu sou mesmo exagerada e por isso é que me senti abraçada por todo aquele turbilhão de gente sorrindo, de lanternas vermelhas, de luzes, de cores e de sabores.

Xièxiè, Zhongguò! Obrigada, China!

Sobre a autora

Carmen Lícia Palazzo é economista e historiadora, doutora em História pela Universidade de Brasília, com cursos de especialização em Roma, Paris e Montevidéu. É pesquisadora na temática de Rota da Seda, Construção de imagens ocidentais do Oriente, História da China e História da Espanha Islâmica. Publica artigos em periódicos acadêmicos, livros e participa de seminários e outros eventos no Brasil e no exterior. Ministra módulos sobre China em cursos de pós-graduação de História e de Relações Internacionais.

Da mesma coleção

Ukrayina, de Fernando Dourado Filho
O Baile dos Minaretes, de Pascale Malinowski
Doze dias de outono em Moscou, de Fernando Dourado Filho
As vinhas do Reno, de Claus Koch

ISBN: 978-65-998093-2-3